Iha Tasi

Hakerek-na'in: Flávio Lourenco da Costa
Ilustrasaun husi Romulo Reyes III

Library For All Ltd.

Iha Tasi

Publikasaun dahuluk 2021

Publikadu husi Library For All Ltd
Email: info@libraryforall.org
Website: libraryforall.org

Livru ida-ne'e bele prodús tanba simu suporta laran-luak husi Education Cooperation Program.

Ilustrasaun husi Romulo Reyes III

Iha Tasi
Flávio Lourenco da Costa
ISBN: 978-1-922621-11-5
SKU01961

Iha Tasi

Iha tasi, ami nani ba-mai ho belun sira.

Iha tasi, ami halimar subar fatuk mutin iha tasi okos.

Iha tasi, ami uza oklu atu luku haree animál tasi no korál furak sira.

Iha tasi, ami tabele ba
ai-sanak boot halo
ami namlele.

Iha tasi, ami hamnasa no konta istória ba malu.

Iha tasi, ami haree kadiuk sira halai ba subar iha sira-nia uma.

Iha tasi ibun, ami duni malu iha rai-henek mutin nia leten.

Iha tasi, ami bele sente duni nu'udar labarik.

Tasi halo ami sente kontente tebes no ami agradese ba ami-nia tasi.

Ó bele uza pergunta hirak-ne'e hodi ko'alia kona-ba livru ne'e ho ó-nia família, belun sira no mestre sira.

Ó aprende saida husi livru ne'e?

Ho liafuan ida ka rua deskreve livru ne'e. Kómiku? Halo ta'uk? Halo kontente? Interesante?

Ó sente oinsá bainhira ó lee hotu tiha livru ne'e?

Parte ida ne'ebé mak ó gosta liuhosi livru ne'e?

Download ami-nia app ba lee-na'in sira iha getlibraryforall.org

Kona-ba kontribuidór sira

Library For All servisu hamutuk ho hakerek-na'in no artista sira husi mundu tomak atu dezenvolve istória ne'ebé relevante, kualidade di'ak no kona-ba tópiku oioin. Ami halo istória hirak-ne'e ba lee-na'in labarik no joven sira.

Vizita website libraryforall.org atu hetan informasaun atuál kona-ba ami-nia workshop ba hakerek-na'in, informasaun kona-ba oinsá atu submete livru ba publikasaun, no oportunidade kriativu seluk.

Ó gosta livru ne'e?

Ami iha istória orijinál atus ba atus ne'ebé ita bele lee.

Ami servisu hamutuk ho hakerek-na'in lokál sira, edukadór sira, konsellu kultura nian, Governu no ONG sira atu lori ksolok lee ba labarik sira iha fatin ne'ebé de'it.

Ó hatene?

Ami kria impaktu globál iha área hirak-ne'e tanba ami servisu tuir Objetivu Dezenvolvimentu Sustentavel Nasoens Unidas nian.